Angelika Wagener / Claudia Jelovcan

Festliche
DEKORATIONEN
in Artischockentechnik

Festliche
DEKORATIONEN
in Artischockentechnik

BASTELN, SPIELEN UND GESTALTEN
MACHT ALLEN KINDERN SPASS.
ZU HAUSE, IM KINDERGARTEN, IN
DER SCHULE.
EIN GUTES ANLEITUNGSBUCH
GEHÖRT DAZU.

SEIT MEHR ALS 30 JAHREN STEHT
DER NAME „CHRISTOPHORUS" FÜR
KREATIVES UND KÜNSTLERISCHES
GESTALTEN IN FREIZEIT UND BERUF.

GENAUSO WIE DIESER BAND
IST JEDES CHRISTOPHORUS-BUCH
MIT VIEL SORGFALT ERARBEITET:
DAMIT SIE SPASS UND ERFOLG
BEIM GESTALTEN HABEN — UND
FREUDE AN SCHÖNEN ERGEBNISSEN.

CHRISTOPHORUS
Bücher mit Ideen

Angelika Wagener / Claudia Jelovcan

Festliche
DEKORATIONEN
in Artischockentechnik

CHRISTOPHORUS

Inhalt

Festliche Dekorationen

Die Artischockentechnik ist sehr beliebt. Die Gründe dafür werden schnell deutlich, wenn man die herrlichen Dekorationen betrachtet, die daraus entstehen. Prächtiger Schmuck für den Festtagstisch, schöne Gestecke für die Wohnung, traumhafte Brautsträuße und vieles mehr werden in dieser Technik hergestellt. Kombiniert mit moderner Floristik entstehen edle Arrangements. Auch als Geschenke sind diese Schmuckstücke etwas ganz besonderes und immer willkommen.

Artischockentechnik ist nicht schwer. Bunte Bänder, Styroporformen und Stecknadeln sind die Grundelemente. Das Prinzip ist ganz einfach: Die Schleifenbänder werden in einzelne Stücke geschnitten, gefaltet und schuppenförmig auf die Styroporformen gesteckt. Geeignet sind alle Arten von Bändern, die sich falten lassen. Zusammen mit Blumen, Blüten und Zweigen entstehen mit wenig Mühe sehr schöne, ansprechende Dekorationen. Der Fachhandel bietet eine große Auswahl an Bändern. Auch die nötigen Assessoires und Pflanzenimitationen gibt es in großer Vielfalt. Da ist schon die Auswahl ein Vergnügen.

Dieses Anleitungsbuch zeigt zahlreiche festliche Dekorationsmöglichkeiten in der Artischockentechnik. Es gibt viele Anregungen, wie zusammen mit floralen Elementen und anderen Assessoires einmalige, edle Gestecke hergestellt werden können.

Material

Bordüren und Bänder

Hobbyfachgeschäfte führen eine große Auswahl an Schleifenbändern und Bordüren. Sie werden einfarbig oder gemustert in vielen Farbtönen angeboten. Häufig harmonieren sie untereinander und sind vielfältig zu kombinieren. Eine gute Qualität sichert Wirkung und Haltbarkeit. Je hochwertiger die verarbeiteten Bänder sind, desto edler sieht nachher die Artischockentechnik aus.

Sehr gut eignen sich gestärkte Stoffbänder. Auch solche, die seitlich mit Draht eingefaßt sind, lassen sich gut verarbeiten, weil sie müheloser zu falten sind als herkömmliche Bänder. Außerdem können hier die Ecken der Schuppen gebogen werden, was eine weitere Dekorationsvariante ermöglicht.

Floristik

Moderne künstliche Blumen und Grünpflanzen, die in ihrer Perfektion von echten Blumen, Früchten oder Blättern kaum noch zu unterscheiden sind, sind inzwischen als dekorativer Raumschmuck selbstverständlich. Das Angebot des Fachhandels ist auch hier sehr umfangreich und vielfältig.

Styroporformen

Diese gibt es in großer Auswahl als Kugeln, Eier, Schachteln, Herzen oder Kränze.

Weitere Hilfsmittel

- ♦ Rundstäbe
- ♦ Maßband
- ♦ Lineal
- ♦ Draht
- ♦ Heißklebepistole

Hilfsmittel

Schere

Zum Schneiden der Bordüren und Bänder sollte die Schere scharf sein, sonst besteht die Gefahr, daß die Schuppen ausfransen.

Nadeln

Im Bastelfachhandel finden Sie Stecknadeln, die kürzer sind als die im Haushalt üblichen. Sie reichen zum Feststecken der Bänder in der Artischockentechnik aus und sind – vor allem bei kleineren Trägerelementen oder Dosen mit flachen Deckeln – sehr praktisch.

Drähte

Zum Verbinden einzelner Elemente oder zum Andrahten von Blumen oder Schleifen wird dünner Blumendraht von der Rolle verwendet. Zum Andrahten schwerer Teile oder als Verlängerung kurzer Stiele gibt es fertig geschnittene Drahtstücke in verschiedenen Stärken.

Die Technik

1 Die vorgesehene Menge Band zuerst in gleichgroße Stücke schneiden. Die Länge der Abschnitte ergibt sich aus der Breite des Bandes nach der Formel: Länge = doppelte Breite. Bei einer Bandbreite von 4 cm sind die Stücke also 8 cm lang.

2 Aus jedem Abschnitt ein Dreieck falten. Das ist eine Artischockenschuppe (s. Abb. 1).

3 Mit vier Nadeln ein Quadrat aus Schleifenband straff auf der Styroporkugel feststecken (s. Abb. 2).

4 Erste Reihe: Die erste von vier Schuppen, in diesem Fall aus gemustertem Band, mit der Spitze auf den Mittelpunkt des unifarbenen Quadrates legen und mit zwei Nadeln an den Ecken der unteren Geraden feststecken. Die zweite Schuppe genau gegenüber aufsetzen, so daß die Spitzen aneinanderstoßen. Dann die dritte und vierte Schuppe aufstecken. Die vier Ecken stoßen direkt aneinander. Es entsteht ein Quadrat aus vier Schuppen (s. Abb. 3).

5 Zweite Reihe: Die nächsten vier Schuppen, einfarbiges Band, mit der Spitze auf die Zwischenräume der ersten Schuppen stecken (s. Abb. 4).

6 Dritte und vierte Reihe: Vier Schuppen des gemusterten Bandes ca. 1 cm nach unten versetzt in die Zwischenräume der zweiten Reihe stecken, in der vierten Reihe ebenso vier einfarbige Schuppen anbringen.

7 Die weiteren Reihen werden auf diese Art im Wechsel gesteckt, bis die Kugel vollständig mit Schuppen bedeckt ist.
Eine Reihe besteht immer aus vier Schuppen. Von Reihe zu Reihe sollte der gleiche Abstand eingehalten werden.

8 Das letzte Stück kann mit einem Quadrat aus Band verschlossen oder mit einer Schleife verdeckt werden.

Bei Kränzen die erste Schuppe mit der Spitze auf die innere Naht legen und die zweite auf die äußere Naht. Die dritte und vierte Schuppe füllen dann die Zwischenräume aus. Die Unterkanten der Schuppen müssen eine Linie bilden, sonst wird der Kranz schief. Für die zweite Reihe werden die Schuppen mit der Spitze auf die Zwischenräume der ersten Reihe, 1 cm tiefer, gesteckt.

Weitere Mustervorschläge finden Sie bei den Anleitungen zu den einzelnen Objektes.

1

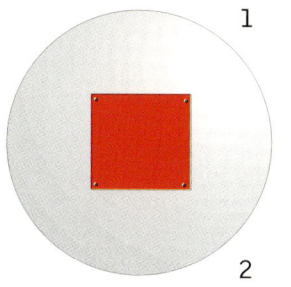

2

3

4

Rosa Rosen

MATERIAL

- Bänder, 5 cm breit:
  - 5,60 m, Rosen-
    muster
  - 4,50 m in Rosa
- halbe Styroporkugel,
  ca. 16 cm Ø
- 2 große ovale Blätter
- 9 Bauernrosen
- 3 Ranken
  Eukalyptusblätter
- Stecknadeln

1 44 Stücke gemustertes Band und 32 Stücke rosa Band – je 10 cm lang – zuschneiden und falten (siehe Seite 7).

2 Zunächst ein Quadrat aufstecken, dann in der ersten bis dritten Reihe je vier Schuppen aus gemustertem Band.

3 Die vierte und fünfte Reihe bestehen aus jeweils vier Schuppen in rosafarbenem Band, die sechste Reihe aus acht Schuppen, ebenfalls in Rosa, die auch die Zwischenräume füllen.

4 In der siebten und achten Reihe werden wieder je vier Schuppen mit Rosenmuster aufgesteckt.

5 Die neunte Reihe setzt sich aus acht rosafarbenen, die zehnte Reihe aus acht gemusterten Schuppen zusammen.

6 Die elfte Reihe wird wie die neunte mit acht einfarbigen Schuppen gesteckt, in der zwölften und dreizehnten Reihe werden wieder jeweils acht gemusterte Schuppen verarbeitet.

7 Die großen ovalen Blätter zu einer Unterlage zusammenkleben, auf der die Rosen und die Blätterranken dekoriert und aufgeklebt werden.

8 Zum Schluß eine Schleife aus 1,20 m gemustertem und 1 m rosafarbenem Band anbringen.

9

Traubenteller

Große Kugel

Große Kugel

- Band, 6 cm breit:
  – 6,50 m Trauben-
  muster
- Bänder, 4 cm breit:
  – 1,20 m in
  Rostbraun
  – 3,50 m in
  Currygelb
- Styroporkugel,
  ca. 12 cm Ø

Kleine Kugel

- Bänder, 4 cm breit:
  – 3,60 m in
  Rostbraun
  – 3,50 in Currygelb
- Styroporkugel,
  ca. 8 cm Ø
- großer, flacher Teller
- Weintraube
- Weinlaubranke
- 7 Blüten in Rostrot
- Stecknadeln

1 36 Stücke gemustertes Band, 12 cm lang und 24 Stücke currygelbes Band, 8 cm lang, abschneiden und zu Schuppen falten (siehe Seite 7).

2 Zunächst ein gelbes Quadrat, dann die Schuppen aufstecken: in der ersten und zweiten Reihe jeweils vier Schuppen aus gemustertem Band, in der dritten und vierten Reihe je vier Schuppen in Gelb. Die fünfte bis achte Reihe bestehen wieder aus je vier gemusterten Schuppen. Von Reihe zu Reihe immer einen Abstand von ca. 1 cm lassen.

3 Die neunte und zehnte Reihe aus jeweils vier gelben Schuppen arbeiten, dann in der elften Reihe acht gelbe Schuppen ohne Abstand in die Zwischenräume stecken. Die zwölfte bis vierzehnte Reihe bestehen wieder aus je vier Schuppen in gemustertem Band.

Kleine Kugel

1 44 Stücke rostbraunes und 40 Stücke currygelbes Band, 8 cm lang, zuschneiden und zu Schuppen falten.

2 Zunächst ein Quadrat in Rostbraun auf-stecken, dann in der ersten bis dritten Reihe jeweils vier Schuppen aus gelbem Band anbringen. Die vierte und fünfte Reihe aus vier rostbraunen Schuppen arbeiten, in der fünften zusätzlich vier Schuppen in die Zwischenräume stecken.

3 Die sechste und siebte Reihe bestehen aus je vier gelben Schuppen, die achte und neunte aus je vier rostbraunen. In der zehn-ten und elften Reihe jeweils vier gelbe Schuppen stecken, in der elften Reihe zusätzlich vier Schuppen in den Zwischenräumen anbringen.

4 Bei der zwölften und dreizehnten Reihe je vier rostbraune Schuppen über die acht gelben der elften Reihe stecken. Für die dreizehnte Reihe vier gelbe Schuppen anbringen. Die zwei letzten Reihen bestehen dann aus vier Schuppen in Rostbraun.

5 Die Weinlaubranke zu einem Kranz kleben. Einen Schleifentuff aus den übrigen Bändern binden, die kleine Kugel in der Mitte anbringen. Zusammen mit der großen Kugel, der Weintraube und den Blüten dekorativ auf den Teller kleben.

Goldener Teller

MATERIAL

- Band, 7,5 cm breit:
  - 8,70 m, gemustert
- Kordel in Gold:
  - 1 m, dick
  - 1 m, dünn
- Styroporkugel,
  ca. 12 cm Ø
- Teller in Gold
- 3 ovale Goldperlen
- 3 Blütenrispen in
  Weißgold
- Tannengrün
- Stecknadeln

1 52 Bandstücke zu je 15 cm Länge zuschneiden. 28 Abschnitte mit dem Muster nach außen, 24 mit dem Muster nach innen zu Schuppen falten (siehe Seite 7).

2 Ein grünes Quadrat aufstecken und die erste Reihe aus vier gemusterten Schuppen bilden. In der zweiten Reihe vier Schuppen in Grün mit der Drahtkante nach außen aufstecken. So fortfahren bis alle Schuppen verarbeitet sind.

3 Aus 90 cm langem Band, aus zwei 50 cm langen und drei 30 cm langen Kordelstreifen, an deren Ende Perlen geklebt werden, einen Schleifentuff binden.

4 Kugel, Schleife, Blüten und Tannengrün auf dem Teller dekorieren.

Tulpenkugel

1 40 Stücke gemustertes und 24 Stücke grünes Band, 10 cm lang, abschneiden und zu Schuppen falten (siehe Seite 7).

2 Zu Beginn ein 5 cm x 5 cm großes Stück grünes Band aufstecken, dann in der ersten Reihe vier gemusterte Schuppen, in der zweiten Reihe vier grüne Schuppen anbringen.

3 Die dritte und vierte Reihe bestehen aus vier Schuppen in gemustertem Band, die fünfte Reihe wird aus vier günen Schuppen gesteckt.

4 In der sechsten und siebten Reihe je vier gemusterte, in der achten Reihe vier grüne Schuppen anbringen. Immer einen Reihenabstand von ca. 1 cm einhalten.

5 Die zwei großen Blätter aneinanderkleben und auf dieser Unterlage die Tulpen und Efeuranken festkleben. Auf der Ansatzstelle die Kugel anbringen.

6 Aus 1,55 m grünem Satinband und dem schmalen, grünen Band einen Schleifentuff binden und an das Gesteck kleben. Das Gesteck auf einen Platzteller legen. Sie können nun die Schuppen mit dem Drahtband noch dekorativ nach unten biegen.

Ring und Kugel

Ring

1 Jeweils 16 Stücke goldenes und bordeauxfarbenes Band, je 5 cm lang, abschneiden und zu Schuppen falten (siehe Seite 7).

2 Zunächst einen Teil des Ringes mit Band umwickeln, dann Reihen mit jeweils vier Schuppen aufstecken.

3 Je 30 cm bordeauxfarbenes und goldenes Band zu Schleifen binden. Mit Heißkleber auf dem Kranz festkleben.

Kugel

1 Jeweils 53 Stücke bordeauxfarbenes Band, je 5 cm lang, abschneiden und zu Schuppen falten. Zunächst ein Quadrat aufstecken, dann Reihen mit jeweils vier Schuppen aufstecken (siehe Seite 7).

2 Schleifen, die wie ein Blätterkranz unter der Kugel dekoriert werden, aus zwei 40 cm langen Bändern binden.

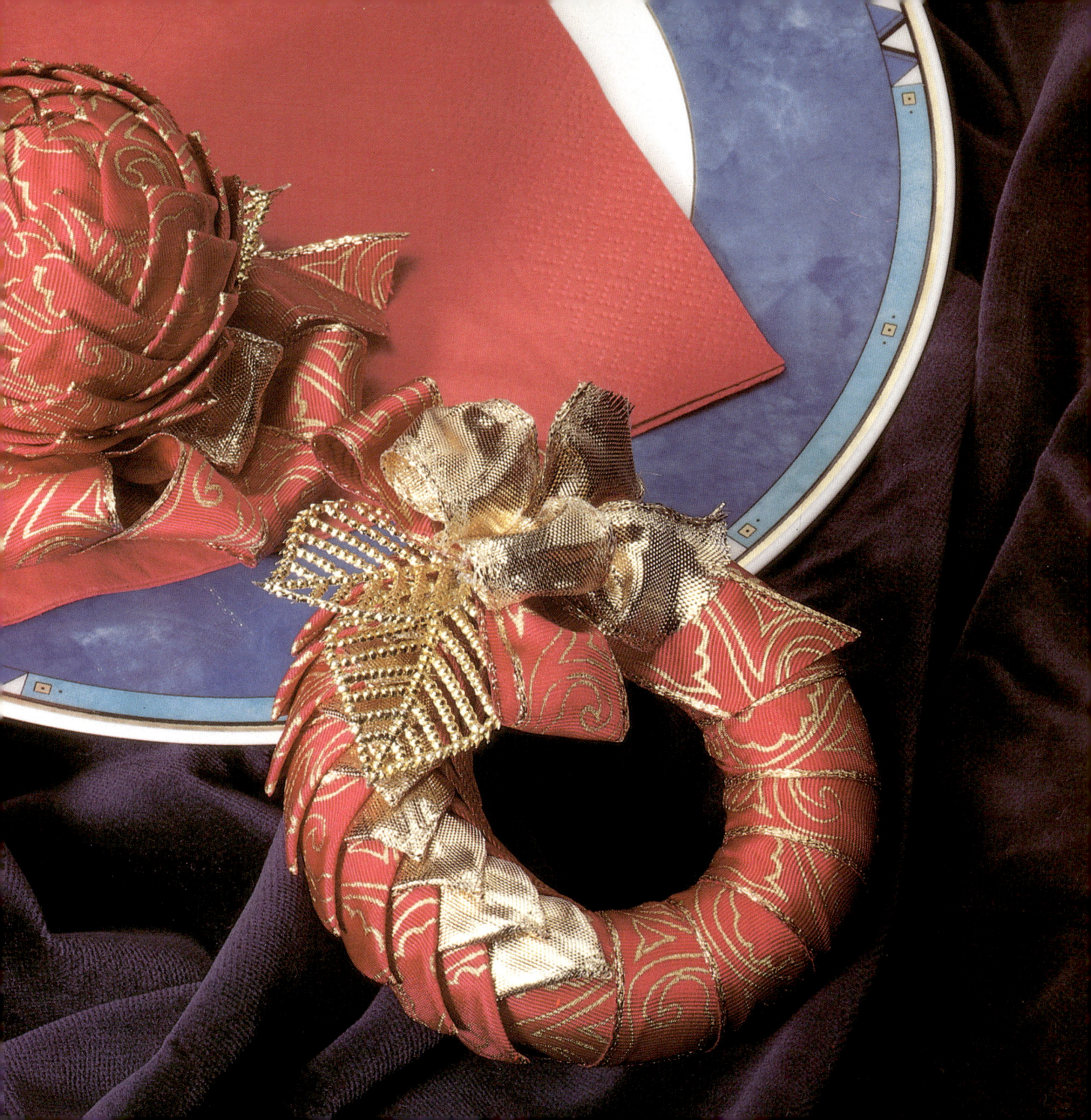

Gesteck in Herzform

MATERIAL

♦ Bänder, 6 cm breit:
  – 5 m in Lachsfarben
  – 2,50 m, gemustert
♦ Band, 0,3 cm breit:
  – 3 m in Lachsfarben
♦ halbes Styroporei,
  ca. 18 cm x 21 cm
♦ starke Pappe,
  ca. 50 cm x 40 cm
♦ großes ovales
  Papyrusblatt,
  ca. 60 cm
♦ 2 Rispen Efeu
♦ 2 Rispen mit lachs-
  farbenen Rosen
♦ 2 Rispen mit lachs-
  farbenen Blüten
♦ gedrehtes Schilfgras
♦ Bildaufhänger
♦ Stecknadeln

1 Jeweils 28 Stücke lachsfarbenes und gemustertes Band, je 8 cm lang, abschneiden und zu Schuppen falten (siehe Seite 7).

2 Ein Quadrat aus gemustertem Band aufstecken und in der ersten Reihe mit vier Schuppen gemustertem Band beginnen.

3 Die zweite Reihe in lachsfarbenen Schuppen stecken und das Muster bis zur siebten Reihe wiederholen.

4 Das Blatt so auf die Pappe kleben, daß sie nicht sichtbar ist. Den Bildaufhänger unterhalb des Stiels befestigen.

5 Alle Blumen und Blätter mit der Klebepistole auf dem Blatt befestigen. Lachsfarbenes Band, 1,50 m und 1 m lang, mit drei je 1 m langen schmalen Bandstücken zu einem Schleifentuff zusammenbinden und aufkleben.

6 Das halbe Artischockenei in das Arrangement kleben. Mit Blättern und Blüten den Ansatz verdecken.

Adventskranz

MATERIAL

- Bänder, 4 cm breit:
  – 5,20 m,
  Weihnachtsmuster
  – 7,50 m in
  Naturweiß
- 2 Styroporkugeln,
  ca. 8 cm Ø
- 4 Rosen mit Knospen
  in Naturweiß
- Tannenkranz mit
  Kerzenhaltern
- 4 Kerzen
- Stecknadeln

1 64 Stücke gemustertes und 48 Stücke weißes Band, je 8 cm lang, abschneiden und zu Schuppen falten (siehe Seite 7).

2 Die Styroporkugeln mit einem Messer halbieren. Je Halbkugel ein Quadrat aus weißem Band aufstecken und die erste Reihe mit vier gemusterten Schuppen bilden. In der zweiten Reihe vier weiße Schuppen aufstecken, so fortfahren bis alle Schuppen verarbeitet sind.

3 Aus jeweils 90 cm langen Bändern vier Schleifen um den Kranz binden und die Halbkugeln darauf anbringen. Die Rosen in dem Kranz befestigen.

Strauß und Kugel

Strauß

1 Aus den zwei 4 cm breiten Bändern jeweils 32 Stücke, 8 cm lang, abschneiden und zu Schuppen falten. Zunächst ein Quadrat aufstecken, dann abwechselnd in einer Reihe vier Schuppen aus gemustertem Band, in der nächsten Reihe vier einfarbige Schuppen anbringen, mit einem Reihenabstand von ca. 1 cm (siehe Seite 7).

2 Die fertige Kugel auf dicken Draht spießen. Aus 1,40 m gemustertem, breitem Band und den schmalen Bändern, an deren Enden die Perlen geknotet werden, einen Schleifentuff binden und an einem stabilen Blumendraht befestigen.

3 Alle floralen Materialien, die Kugel und die Schleife mit Blumendraht zu einem Strauß zusammenbinden und mit Floristenband umwickeln. Den Strauß in die Manschette stecken und die beigefarbenen Schuppen etwas nach unten biegen.

Kugel

1 44 Stücke einfarbiges und 48 Stücke gemustertes Band jeweils 8 cm lang zuschneiden und zu Schuppen falten. Zunächst ein Quadrat aus dem beigefarbenen Band aufstecken, dann in jeder Reihe abwechselnd vier gemusterte und vier einfarbige Schuppen anbringen, mit einem Reihenabstand von ca. 1 cm (siehe Seite 7).

2 Die Traube auf die Kugel kleben. 60 cm des schmalen Bandes als Aufhängeschlaufe anbringen. Einen dicken Schleifentuff aus den übrigen Bändern binden und den Abschluß damit verdecken.

Blumenständer

MATERIAL

♦ Drahtbänder,
  7 cm breit:
  – 8 m, Rosenmuster
  – 3,50 m in
  Champagnerfarben
♦ Styroporkugel,
  ca. 14 cm Ø
♦ 4 Rosen in
  Champagnerfarben
♦ 2 Zweige Wildrosen
♦ 3 Zweige
  Johannisbeeren
♦ Efeuranken
♦ 2 Bambusstäbe in Rot
♦ 5 Stiele gedrehtes
  Schilfgras
♦ 2 Steckschwämme
♦ Holzstab
♦ stabiler Draht
♦ Blumenständer mit
  Glasampel
♦ Stecknadeln

1 40 Stücke gemustertes und 12 Stücke einfarbiges Band zu je 14 cm Länge abschneiden und zu Schuppen falten (siehe Seite 7).

2 Ein Quadrat aus gemustertem Band aufstecken und in der ersten Reihe vier einfarbige Schuppen, in der zweiten bis vierten Reihe je vier gemusterte Schuppen anbringen. Die fünfte Reihe besteht dann wieder aus vier einfarbigen Schuppen. Weiter geht es so im Wechsel, bis alle Schuppen verbraucht sind.

3 Die Glasampel mit Steckmasse füllen. Efeu in die Mitte stecken, die langen Ranken hängen herunter.

4 Die Kugel auf den Holzstab stecken und in der Mitte der Steckmasse verankern. Die Schuppen nach unten biegen. Alle Pflanzenelemente zu einem Gesteck verarbeiten.

5 Aus 2,30 m gemustertem und 1,80 m einfarbigem Band eine große Schleife binden, andrahten und in das Arrangement stecken.

24

MATERIAL

- Bänder, 4 cm breit:
  - 5,60 m, Efeumuster
  - 3,60 m,
  Leinenstruktur in
  Grün
- Styroporkugel,
  ca. 10 cm Ø
- Blumenampel
- 3 große Blätter
- 3 gelbe
  Blütensträußchen
- Efeuranke
- 3 Strohenten
- Steckmasse
- etwas Stroh
- stabile Blumendrähte
- Stecknadeln

1 Je 44 Stücke, 8 cm lang, aus beiden Bandsorten abschneiden und zu Schuppen falten. Ein grünes Quadrat aufstecken, dann in der ersten Reihe mit vier gemusterten Dreiecken beginnen (siehe Seite 7).

2 Die zweite Reihe wird mit grünen, die dritte wieder mit gemusterten Schuppen gesteckt. So im Wechsel weiterarbeiten, bis alle Dreiecke verbraucht sind.

3 Die Spitze der Blumenampel ganz mit Steckmasse füllen. Alle Blätter, Blüten und Ranken hineinstecken.

4 Kugel und Enten auf Drahtstäbe stecken und im Gesteck befestigen.

5 Aus 2 m gemustertem Band und etwas Stroh eine Schleife binden, andrahten und feststecken.

27

Festliche Kugel

MATERIAL

- 6 – 7 Bänder,
  1 – 4 cm breit
  (4 verschiedene
  Muster, Strukturen,
  Farben)
- Band, 4 cm breit:
  – 1,50 m in Rot-
  Grün-Gold (für 2
  Schleifen)
  – 2,10 m Rohseiden-
  band mit Goldkante in
  Grün
- 3 m Kordel in Rot,
  5 mm Ø
- Styroporkugel,
  ca. 15 cm Ø
- 6 Holzsternchen
  in Gold
- Stecknadeln

1 Zunächst auf eine Kugelhälfte Bandabschnitte gradlinig oder sternförmig spannen, dann Bänder mit einer Nadel einweben. Die Holzsternchen aufkleben.

2 Auf der anderen Hälfte der Kugel die rote Kordel, von der Mitte ausgehend, aufstecken oder -kleben.

3 Als seitlichen Abschluß grüne Artischockendreiecke aus Rohseidenband übereinander in einer Reihe anbringen (siehe Seite 7).

4 Zwei Schleifen binden und mit der Heißklebepistole befestigen. Band zum Aufhängen anbringen.

Gesteck und Kugel

MATERIAL

Gesteck

- Band, 5 cm breit:
  – 8,35 m in Rot-Gold,
  doppelseitig
- 1,50 m Kordel
  in Rot-Gold
- Styroporkugel,
  ca. 12 cm Ø
- 5 Stücke Steckdraht
- Perlen in Gold
  und Weiß
- Steckschwamm
- Kerze
- Teller
- Tannengrün

Kugel

- Bänder, 4 cm breit:
  – 3,60 m in Blau-
  Gold
  – 5,60 m in
  Goldmetallic mit
  Drahtkante
- Band, 0,3 cm breit:
  – 50 cm in
  Dunkelblau
- Styroporkugel,
  ca. 12 cm Ø
- Quaste in Blau-Gold
- Stecknadeln

Weihnachtskugel

1 Je 44 Stücke, je 8 cm breit, aus jedem der beiden Bänder abschneiden und zu Schuppen falten. Ein Quadrat aufstecken, dann in der ersten Reihe vier goldene Schuppen, in der zweiten Reihe vier blaue anbringen. So im Wechsel fortfahren, bis die Kugel fertig besteckt ist. Der Reihenabstand beträgt ca. 1 cm (siehe Seite 7).

2 50 cm schmales blaues Band als Aufhänger an die obere Mitte der Kugel stecken oder kleben.

3 Mit der Quaste einen dicken Tuff aus 2 m goldenem Band binden und unten an der Kugel anbringen.

Weihnachtsgesteck

1 Für die Kugel 68 Stücke doppelseitiges Band, 10 cm lang, zuschneiden und 34 Schuppen in Gold sowie 34 in Rot falten. Ein Quadrat in Gold aufstecken, dann in der ersten Reihe vier rote Schuppen, in der zweiten Reihe vier in Gold anbringen. So fortfahren, bis alle Schuppen aufgebraucht sind. Der Reihenabstand beträgt ca. 1 cm (siehe Seite 7).

2 Steckschwamm auf den Teller legen. In die Unterseite der fertigen Kugel drei etwa 5 cm lange Drahtstücke stecken und die Kugel auf dem Schwamm anbringen. Mit der Kerze ebenso verfahren. Mit Tannengrün füllen.

3 Die Perlen auf Draht fädeln, die oberste Spitze umbiegen, die unterste verkleben, damit die Perlen nicht wegrutschen können. Aus 1,50 m Kordel und 1,50 m Band jeweils eine Schleife binden. Perlendrähte und Schleifen in den Schwamm stecken.

MATERIAL

Sternengesteck

- Bänder, 4 cm breit:
  - 6,40 m in Rot-Gold
  - 3,40 m in Gold
- 2 m Kordel in Gold
- Styroporstern
- großes Blatt
- 10 Tannenzweige
- 5 ovale Perlen in Gold
- 2 runde Perlen in Gold
- stabile Drahtstäbe

Schuppenstern

- Bänder, 4 cm breit:
  - 1,60 m in Rot-Gold
  - 8,20 m in Gold
- 1 m Kordel in Rot-Gold, dick
- 1 m Kordel in Gold, dünn
- Styroporstern

Kordelstern

- Band, 4 cm breit:
  - 5,80 m in Gold
- 7 m Kordel in Rot-Gold, dick
- 1 m Kordel in Gold, dünn
- Styroporstern
- Stecknadeln

Sternengesteck

1 80 gemusterte und 30 goldene Bandstücke, je 8 cm lang, abschneiden und zu Schuppen falten (siehe Seite 7).

2 Ein goldenes Quadrat auf die Mitte des Sterns stecken, dann in der ersten Reihe fünf gemusterte, in der zweiten Reihe fünf goldene Schuppen anbringen. So fortfahren bis zur sechsten Reihe.

3 Auf jeden Strahl bis zur Spitze fünf gemusterte Schuppen aufstecken. Die andere Seite des Sterns genauso arbeiten. Dann den Rand mit 1 m Kordel versäubern.

4 Die Zweige und den aufrechtstehenden Stern auf das große Blatt kleben. Die Perlen auf Draht fädeln, Piks herstellen und ebenfalls festkleben.

5 Aus 1 m goldenem Band und 1 m Kordel eine Schleife binden, diese zusammen mit einer ovalen Perle anbringen.

Schuppenstern

1 20 gemusterte und 90 goldene Bandstücke, je 8 cm lang, abschneiden und zu Schuppen falten (siehe Seite 7).

2 Ein gemustertes Quadrat auf die Mitte des Stern stecken, dann in der ersten Reihe fünf goldene Schuppen, in der zweite Reihe fünf gemusterte anbringen. Im Wechsel so fortfahren bis zur vierten Reihe.

3 Die fünfte und sechste Reihe bestehen aus je vier goldenen Schuppen. Dann werden auf jeden Strahl bis zur Spitze fünf goldene Schuppen gesteckt. Die andere Seite des Sterns genauso arbeiten und den Rand mit 1 m Kordel versäubern.

4 Zwei Schleifen aus je 50 cm Goldband binden und von beiden Seiten über die Ansatzstelle der Kordel stecken. Den Stern an der dünnen Kordel aufhängen.

Kordelstern

1 60 goldene Bandstücke, je 8 cm lang, abschneiden und zu Schuppen falten (siehe Seite 7).

2 Auf beiden Seiten des Sterns, in der Mitte beginnend, je 3 m der Kordel zu einer Schnecke aufstecken.

3 Auf die fünf Strahlen bis zur Spitze jeweils drei Reihen aus vier goldenen Schuppen stecken. Dann den Rand mit 1 m Kordel versäubern.

4 Zwei Schleifen aus je 50 cm Goldband binden und von beiden Seiten über die Ansatzstelle der Kordel stecken. Den Stern an der dünnen Kordel aufhängen.

Rentiere

MATERIAL

- Bänder, 4 cm breit:
  - 3,60 m in Rot-Gold
  - 3,20 m in Gold
- 1,20 m Kordel
  in Rot-Gold
- Band, 5 cm breit:
  - 1 m in Jute, natur
- Styroporkugel,
  10 cm Ø
- großes Blatt
- Rentiere aus Stroh
- 2 Reisigbündel
- Goldspray
- Stecknadeln

1 Für die Kugel 44 rote und 40 goldene Bandstücke, je 8 cm lang, abschneiden und zu Schuppen falten (siehe Seite 7).

2 Ein goldenes Quadrat aufstecken, dann in der ersten Reihe vier rote Schuppen, in der zweiten Reihe vier goldene anbringen. So im Wechsel fortfahren, bis alle Dreiecke verarbeitet sind.

3 Kugel, Tiere und Zweige auf das große Blatt kleben.

4 Aus der Kordel und dem Juteband eine Schleife binden, diese ebenfalls festkleben.

5 Die Reisigbündel mit Goldspray ansprühen und dazustecken.

34

Festlicher Türbogen

MATERIAL

- Bänder, 2,5 cm breit:
  - 5,5 m in Blau
  - 5 m in Creme
- 1 m Kordel in Blau
- 2 Styroporkugeln,
  ca. 6 cm Ø
- Türbogen, 70 cm lang
- 4 Mingrosen in Blau,
  goldbeglimmert
- 4 Goldblätter
- Christrosen in Blau
- Beeren in Blau
- Stecknadeln

1 Jeweils 61 Bandstücke in Creme und Blau, je 5 cm lang, abschneiden und zu Schuppen falten (siehe Seite 7).

2 Auf jede Kugel ein Quadrat stecken und jeweils vier Schuppen in jeder Reihe in Creme bzw. Blau anbringen. Der Reihenabstand beträgt ca. 1 cm.

3 Aus dem übrigen Band Schleifen binden und diese zusammen mit den anderen Dekoelementen auf den Türbogen stecken oder kleben.

4 Die Kugeln mit Kordel versehen und am Bogen anbringen.

Blauer Kranz

MATERIAL

♦ Bänder, 4 cm breit:
  – 6,5 m Brokatband
  in Blau
  – 3 m Goldband,
  gestreift
♦ Styroporring,
  ca. 25 cm Ø
♦ 25 cm Perlenschnur
  in Gold
♦ Christrosenblüte
  in Blau
♦ Stecknadeln

1 20 goldene und 40 blaue Bandabschnitte, jeweils 8 cm lang, abschneiden und
zu Schuppen falten (siehe Seite 7).

2 Einen Teil des Ringes mit blauem
Brokatband umwickeln. Dann auf jede
Kranzseite zehn Reihen mit jeweils vier
Schuppen aufstecken.

3 Das übrige Band zu einem Schleifentuff
binden, diesen zusammen mit der Christrose
und der Perlenschnur anstecken oder
kleben.

Blumenkranz

1 72 grüne, 36 gelbe und 36 gemusterte Bandabschnitte, jeweils 8 cm lang, abschneiden und zu Schuppen falten (siehe Seite 7).

2 In der ersten Reihe vier grüne Schuppen aufstecken, in der zweiten Reihe vier gemusterte, in der dritten Reihe wieder vier grüne und in der vierten Reihe vier gelbe. So fortfahren, bis alle Schuppen verarbeitet sind. Die Abstände zwischen den Reihen betragen ca. 0,7 cm.

3 Den Rest des Kranzes mit 4,50 m des grünen Bandes umwickeln, dabei über der letzten Schuppenreihe beginnen.

4 60 cm des schmalen gelben Bandes zur Aufhängeschlaufe knoten. Die restlichen gelben Bänder zu einer üppigen Schleife binden. Diese zusammen mit den Blumen auf der Nahtstelle zwischen Schuppen und Band aufstecken.

Tip
Passen Sie die Wahl des Bandmusters sowie die der Blumen den Jahreszeiten an!

MATERIAL

- ♦ Bänder, 4 cm breit:
  - – 10,30 m in Grün
  - – 6,10 m in Gelb
  - – 3,10 m, gemustert
- ♦ Band, 0,3 cm breit:
  - – 4,20 m in Gelb
- ♦ Styroporring, ca. 22 cm Ø
- ♦ 3 Blumen
- ♦ Stecknadeln

Prächtiger Brautstrauß

MATERIAL

- Band/Spitze,
  3 cm breit:
  - 7,28 m Satinband
  in Weiß
  - 7,90 m Spitze in
  Weiß
- Band, 0,3 cm breit:
  - 2 m in Weiß
  - 2 m in Lachsfarben
- 2 Styroporkugeln,
  ca. 8 cm Ø
- Biedermeier-
  manschette in Weiß
- großes Blatt
- Efeuranken
- 2 Rosenranken in
  Lachsfarben
- Blüten in Weiß
- dicker Blumendraht
- Floristenband in Grün
- Stecknadeln

1 Für beide Kugeln 88 Abschnitte Satin-band und 80 Abschnitte Spitze, 6 cm lang, zuschneiden und zu Schuppen falten (siehe Seite 7). Wenn sich die Bänder schwer fal-ten lassen, können Sie ein Bügeleisen zu Hilfe nehmen.

2 Auf jede Kugel ein Quadrat aus Spitze aufstecken, darauf vier Schuppen aus Satin-band anbringen. Die zweite Reihe besteht aus vier Schuppen in Spitze und ist etwa 0,6 cm nach unten versetzt. So geht es wei-ter im Wechsel bis die Kugel zugesteckt ist.

3 Aus den dünnen Bändern, 2 m Satinband und 3 m Spitze einen Tuff binden und andrahten.

4 Die Kugeln auf Blumendraht spießen und mit dem Schleifentuff sowie den floralen Elementen zu einem Brautstrauß zusam-menfügen.

5 Das Bündel Stiele gut mit Draht und dann fest mit Floristenband umwickeln. Den Strauß in eine Biedermeiermanschette stecken.

Tip

Sie können Kugeln und Schleife auch von einer Floristin zu einem Brautstrauß mit frischen Blumen verarbeiten lassen!

Traumhafter Brautstrauß

MATERIAL

- Spitze/Band,
  4 cm breit:
  – 5,10 m Spitze
  in Weiß
  – 2,60 m Band
  in Weiß
- Styroporkugel,
  ca. 12 cm Ø
- 4 große Blätter mit
  Silberglanz
- 2 kleine Blätter mit
  Silberglanz
- Perlenrispen
- 3 Iris in Weiß
- 3 Täubchen aus Krepp
  in Weiß
- Floristenband in Weiß
- Biedermeier-
  manschette
- stabiler Draht
- Stecknadeln

1 Jeweils 32 Stücke Spitze und 32 Stücke weißes Band, je 8 cm lang, abschneiden und zu Schuppen falten (siehe Seite 7).

2 Ein Quadrat aus weißem Band aufstecken, für die erste und zweite Reihe je vier Schuppen in Spitze anbringen.

3 Die dritte und vierte Reihe bestehen aus weißem Band, die fünfte und sechste aus Spitze. Diesen Steckrhythmus wiederholen, bis alle Schuppen verarbeitet sind.

4 Die fertige Kugel auf einen stabilen Draht stecken und mit den Blättern, Perlenrispen und Blüten zu einem Strauß binden.

5 Einige Perlenrispen an der Kugel hochziehen und mit Nadeln feststecken. Die Tauben mit Heißkleber befestigen.

6 Aus 2,50 m Spitze eine dicke Schleife binden und dicht an der Kugel auf ein Blatt kleben. Den Strauß in eine Biedermeiermanschette stecken und die Stiele mit Floristenband umwickeln.

Festtagstisch

MATERIAL

- Band, 5 cm breit:
  – 4,80 m in Weiß mit
  Golddraht
- 3 m Spitze,
  3 cm breit
- Styroporkugel,
  ca. 12 cm Ø
- ovales Brett
- 3 große Blätter
- Blätterranken
- 10 Maiglöckchen-
  sträuße
- 4 Grasrispen
- Steckschwamm
- Stecknadeln

1 36 Abschnitte Drahtband, 10 cm lang, und 16 Abschnitte Spitze, 6 cm lang, abschneiden und zu Schuppen falten (siehe Seite 7).

2 Ein Quadrat aus Spitze aufstecken, dann für die erste Reihe vier Schuppen aus weiß-goldenem Drahtband anbringen. In der zweiten Reihe vier Schuppen in weißer Spitze aufstecken, in der dritten Reihe wieder Schuppen aus Drahtband.

3 Die vierte bis sechste Reihe bestehen aus vier Schuppen Drahtband, auf jede Draht-schuppe wird nochmals eine aus Spitze gesteckt, etwas nach unten versetzt. Die Reihen sieben bis neun werden nun aus weißgoldenen Schuppen gearbeitet. Alle Reihen haben einen Abstand von ca. 1 cm zueinander.

4 Den Steckschwamm mit der Klebepistole auf das ovale Brett kleben. In die Mitte die weiße Kugel stecken.

5 Die großen Blätter, die Blätterranken, die Gräser und Maiglöckchen so anbringen, daß der Schwamm nicht mehr sichtbar ist und das Gesteck eine ovale Form erhält.

6 Aus 2 m Spitze und 1,20 m Drahtband einen Schleifentuff binden und feststecken.

Blume im Topf

MATERIAL

- Bänder, 4 cm breit:
  - 3,90 m, Primelmuster
  - 4,10 m in Rosa
- Band, 0,3 cm breit:
  - 5 m in Weiß
- Styroporkugel, ca. 12 cm Ø
- Blumentopf
- Steckschwamm
- Blattranken in Grün
- Primel in Rosa
- Rundholz, 40 cm lang, ca. 0,5 cm Ø
- Stecknadeln

1 Jeweils 40 Bandabschnitte in Rosa und gemustert, je 8 cm lang, abschneiden und zu Schuppen falten (siehe Seite 7).

2 Ein Quadrat aus gemustertem Band aufstecken, dann, mit vier gemusterten Schuppen beginnend, in neun Reihen jeweils vier Schuppen anbringen. Der Reihenabstand beträgt ca. 1 cm.

3 Die Steckmasse in den Topf füllen. Die grünen Ranken und den Primeltuff so stecken, daß nichts mehr von dem Schwamm zu sehen ist. Die Kugel, mit den Schuppenspitzen nach oben, mit dem Holzstock in den Topf stecken.

4 Aus 90 cm langem rosa Band, 70 cm langem gemustertem und fünf Stücken weißem Band à 1 m Länge einen Schleifentuff binden und mit Stecknadeln an der Kugel befestigen.

Herzen

Großes Herz

1 64 Stücke rotes und 72 Stücke gemustertes Band, je 8 cm lang, abschneiden und zu Schuppen falten (siehe Seite 7).

2 Das Herz flach auf den Tisch legen und ein Quadrat aus rotem Band auf die Mitte stecken. Die erste Reihe besteht aus vier Schuppen in gemustertem Band. In der zweiten Reihe acht Schuppen rotes Band sternförmig 0,5 cm unterhalb der zweiten Reihe aufstecken.

3 In der dritten und vierten Reihe jeweils acht gemusterte Schuppen anbringen, in der fünften und sechsten Reihe wieder je acht aus rotem Band. In der siebten Reihe werden acht gemusterte, in der achten Reihe acht rote Schuppen gesteckt. Die neunte Reihe besteht aus acht Schuppen in gemustertem Band.

4 Die Nadeln nicht über die Seitennaht hinaus auf die Rückseite stecken. Das am Rand überstehende Band abschneiden. Die oberen Rundungen des Herzes gleichmäßig bis zur

seitlichen Naht zustecken. Dann die andere Seite des Herzes genauso arbeiten.

5 Um die unsaubere Nahtstelle zu verdecken, eine zweifache Reihe Kordel um das Herz herumkleben. Den Rest der Kordel zum Aufhängen verwenden.

6 Drei Stücke, à 60 cm, gemustertes Band zuschneiden und einen Schleifentuff daraus binden, diesen seitlich an dem Herz festkleben. An der gegenüberliegenden Seite die Orchideenrispe anbringen.

Rotes Herz

1 30 rote und 16 weiße Bandstücke, je 8 cm lang, abschneiden und zu Schuppen falten (siehe Seite 7). Ein weißes Quadrat auf das Herz stecken und mit vier Schuppen in Rot (mit der Naht noch außen) beginnen. Die Spitze der Schuppe mit einer zusätzlichen Nadel feststecken. In der zweiten Reihe auf diese Art acht weiße Schuppen sternförmig anbringen, in der dritten Reihe wieder acht rote. In Rot fortfahren, bis alle

MATERIAL

Großes Herz
- Bänder, 4 cm breit:
  - 5,20 m in Rot
  - 7,60 m, Herzenmuster
- 2 m Kordel in Rot
- Styroporherz, ca. 18 cm
- Orchideenrispe in Weiß

Rotes Herz
- Bänder, 4 cm breit:
  - 2,40 m in Rot
  - 1,80 m in Weiß
- 0,70 m Kordel in Rot
- 1 m Band in Weiß, 0,3 cm breit
- Styroporherz, ca. 10 cm

Schuppen verarbeitet sind. Die oberen Ecken erhalten jeweils noch eine rote Schuppe.

2 Den überstehenden Stoff bis zur Seitennaht abschneiden. Die Rückseite des Herzes genauso arbeiten. Die rote Kordel in doppelter Reihe um das Herz kleben, damit die Nahtstelle verdeckt ist.

3 30 cm des dünnen weißen Bandes als Aufhängeschlaufe befestigen und von beiden Seiten eine Schleife dagegenkleben.

Weißes Herz

1 Das Herz in Weiß wird aus 30 weißen und 16 roten Schuppen genauso gearbeitet wie das kleine rote Herzchen. Hier wird mit einem Quadrat in Rot und in der 1. Reihe mit Schuppen in Weiß begonnen.

2 Zu den Schleifen aus rotem Band drei Glitzerherzchen kleben und das Herz auf einen dicken Draht spießen. Im Blumentopf alle Elemente dekorativ arrangieren.

Weißes Herz

- ♦ Bänder, 4 cm breit:
  - – 2,40 m in Weiß
  - – 1,80 m in Rot
- ♦ Band, 0,3 cm breit:
  - – 1 m in Rot
- ♦ 70 cm Kordel in Rot
- ♦ Styroporherz, ca. 10 cm
- ♦ 5 glitzernde Herzchen am Drahtstiel
- ♦ kleiner Blumentopf
- ♦ Steckschwamm
- ♦ kleine Blüten und Blätter in Weiß
- ♦ Zweige
- ♦ Stecknadeln

Ballonfahrt

MATERIAL

- Bänder, 7,5 cm breit:
  - 9,60 m, Weihnachtsmuster
  - 2,60 m in Grün mit Golddrahtkante
- Band, 6,5 cm breit:
  - 10,50 m in Rot
- Kordel in Gold:
  - 0,50 m, dünn
  - 4 m, dick
- Styroporkugel, ca. 50 cm Ø
- Blumentopf aus Bast, ca. 16 cm Ø
- 3 Wichtel
- Tannengrün
- Stecknadeln

1 64 Stücke gemustertes, 16 Stücke grünes Band, je 15 cm lang, und 80 Stücke rotes Band, je 13 cm lang, abschneiden und zu Schuppen falten (siehe Seite 7).

2 Ein Quadrat aus rotem Band aufstecken. In der ersten Reihe vier gemusterte Schuppen anbringen, in der zweiten Reihe vier rote. So fortfahren bis zur neunten Reihe.

3 Ab der zehnten Reihe in jeder roten Reihe zwei Schuppen nebeneinander stecken. Im Wechsel mit gemusterten Schuppen weiterarbeiten, bis alle roten Schuppen verbraucht sind.

4 Die letzten acht Reihen abwechselnd in gemusterten und grünen Schuppen stecken, dabei die grünen mit der Drahtkante nach außen versetzt anbringen. Ein Quadrat aus grünem Band bildet den Abschluß.

5 Zweimal 2 m Goldkordel kreuzweise über die Kugel legen und bis zu den grünen Schuppen feststecken. In den Topfrand vier Löcher bohren, die Kordelenden durchziehen. Wenn der Ballon gerade hängt, die Kordelenden verknoten.

6 Das Tannengrün und die Wichtel am und im Korb festkleben.

Geschenkdose

1 Zwölf Stücke rotes Band und acht Abschnitte in gemustertem und goldenem Band, je 8 cm lang, zuschneiden und zu Schuppen falten (siehe Seite 7).

2 Moosgummi (oder auch Filz oder Vlies) als Unterlage für die Artischockentechnik auf den Dosendeckel kleben. Ein rotes Quadrat auf die Deckelmitte stecken und vier rote Schuppen so aufstecken, daß die Spitzen aneinanderstoßen. Dann in zwei Reihen je vier Schuppen in gemustertem Band anbringen. Den Abschluß bildet eine Reihe mit acht goldenen Schuppen, auf die rote Schuppen gesteckt werden.

3 Die Dose mit gemustertem Band bekleben und den unteren Rand sowie den des Deckels mit Goldborte verzieren.

MATERIAL

- Bänder, 4 cm breit:
  - 1 m in Rot
  - 1,10 m, gemustert
  - 0,65 m in Gold
- 1,20 m Goldborte, 1 cm breit
- Spandose, ca. 12 cm Ø
- Moosgummi, 3 mm dick
- Stecknadeln

Festliche Schachtel

1 Das Innere der Schachtel grün streichen.

2 74 Stücke grünes Band, 8 cm lang, und 52 Stücke gemustertes Band, 12 cm lang, abschneiden und zu Schuppen falten (siehe Seite 7).

3 Ein Quadrat aus grünem Band auf die Mitte des Deckels stecken. Die erste bis dritte Reihe aus jeweils vier Schuppen in gemustertem Band mit der Naht nach außen aufstecken. Die vierte und fünfte Reihe bestehen aus je acht grünen Schuppen, die sternförmig angeordnet werden.

4 In der sechsten und siebten Reihe je acht gemusterte und in der neunten und zehnten Reihe je acht grüne Schuppen anbringen. So bis zur sechzehnten Reihe fortfahren. Die letzte Reihe besteht aus sechs grünen Schuppen.

5 Alle überstehenden Stoffstücke abschneiden und den Deckelrand mit Litze verzieren. Das Unterteil mit gemustertem Stoff bekleben.

MATERIAL

- Band, 4 cm breit:
  – 6 m in Grün
- Band, 6 cm breit:
  – 7,30 m, gemustert
- 1,50 m Goldlitze
- Styroporschachtel mit gewölbtem Deckel, ca. 20 cm x 15 cm
- Acrylfarbe in Grün
- Stecknadeln

Tannenmond

MATERIAL

- Band, 5 cm breit:
  - 8,35 m in Rot mit breitem Goldrand
- Band, 6 cm breit:
  - 1,50 m in Gold, durchbrochen
- Styroporkugel, ca. 12 cm Ø
- Mond aus Tannen
- Golddraht mit Sternchen
- Blumendraht
- Stecknadeln
- Polsternadel

1 68 Stücke rot-goldenes Band, je 10 cm lang, abschneiden und zu Schuppen falten (siehe Seite 7).

2 Zunächst ein Quadrat, dann in der ersten Reihe vier rote Schuppen aufstecken.

3 In der zweiten Reihe vier Schuppen mit der breiten Goldkante nach oben anbringen. Die Spitze mit einer dritten Nadel feststecken. So fortfahren, bis alle Schuppen verarbeitet sind.

4 Den Mond mit Sternchendraht umwickeln. Mit einer Polsternadel durch die untere Kugelhälfte Draht ziehen und die Kugel ebenfalls am Mond befestigen.

5 Aus jeweils 1,50 m rotem und durchbrochenem Band einen dicken Schleifentuff binden und andrahten.

Impressum

Autorinnenverzeichnis

Angelika Wagener, Titel, Seiten: 8–15,
18–27, 30–35, 40–53, 56–59
Claudia Jelovcan, Seiten: 16/17, 28/29,
36–39, 54/55

Bildnachweis

Andreas Gerhardt, Titel
Peter Nielsen, Seiten: 8–11, 16–19, 24–29,
34–39, 44/45, 50/51, 54/55
Roland Krieg, Seiten: 12–15, 20–23, 30–33,
40–43, 46–49, 52/53,56–59

Illustrationen

Sascha Wagener, Seite: 7

Wir danken der Firma Domicil, Gundel-
fingen, für die freundliche Bereitstellung
des Beistelltischchens auf dem Umschlag.

© 1997 Christophorus-Verlag GmbH
Freiburg im Breisgau
Alle Rechte vorbehalten –
Printed in Belgium

ISBN-Nr. 3–419–53560–0

Lektorat:
Maria Möllenkamp, Freiburg
Umschlaggestaltung und Layoutentwurf:
Network!, München
Layout und Gesamtproduktion:
Print Production, Umkirch
Druck: Proost, Turnhout, 1997